AF338968

DE

L'IMPÔT PROGRESSIF.

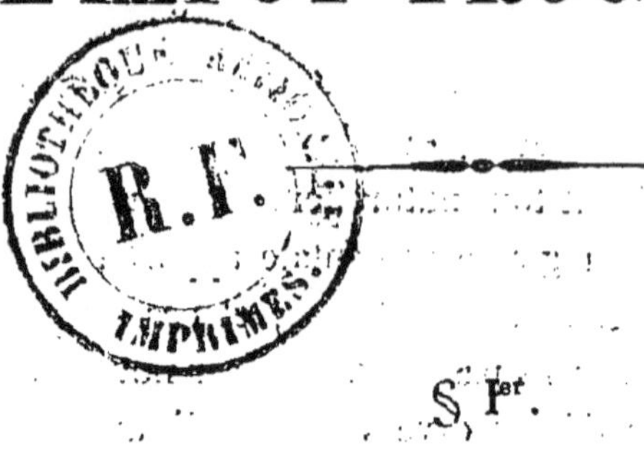

§ 1er.

Plusieurs ouvrages ont été publiés dans la vue de combattre le projet, déjà ancien, de l'impôt progressif sur les revenus, en en signalant les erreurs, les mécomptes, les inconvénients, les dangers.

Un de ces ouvrages a été publié par M. Jollivet il y a plus de cinquante ans; un autre l'a été, en 1834, par M. François de Corcelle.

Les personnes qui ont intérêt à bien connaître l'état de la question doivent lire ces deux ouvrages.

Cet intérêt est vivement excité en ce moment par la déclaration que le Ministre des finances a faite le 8 mai dernier à l'Assemblée nationale, portant que le Gouvernement avait l'intention de proposer que les revenus fussent soumis à un impôt progressif.

Le but qu'on se propose ici est d'ajouter quelques considérations nouvelles aux réfutations déjà si efficaces consignées dans les ouvrages de MM. Jollivet et de Corcelle.

Nous aurions pu attendre pour présenter ces considérations que le tarif que le Gouvernement a intention de
proposer fût publié, afin de connaître la progression ascendante de sa marche; de savoir s'il prononce des exemp-
tions sur les petites cotes, et quel est le point où il com-
mence et celui auquel il s'arrête.

Nous n'avons pas pensé que cela fût indispensable;
nous raisonnerons sur le principe en lui-même. Nos rai-
sonnements, qui s'appliquent, du plus au moins, à tout
tarif progressif, subiront tout naturellement les modifications que la proposition gouvernementale apportera dans
les suppositions que nous aurons faites; et ces suppositions, d'ailleurs, ne seront pas gratuites, car nous pren-
drons pour point de départ divers tarifs déjà ancienne-
ment proposés, et plus particulièrement celui qui est actuellement reproduit dans quelques écrits, et d'après lequel, l'impôt ne prélevant rien sur les revenus jusqu'à
199 fr., prélèverait 10 pour 100 sur les revenus à partir
de 200 fr.; 11 pour 100 sur les revenus à partir de 300 fr.;
12 pour 100 sur les revenus à partir de 400 fr., et ainsi
de suite de 100 fr. en 100 fr.

§ II.

Au premier coup-d'œil jeté sur ce projet, il a été facile
de reconnaître, comme on l'a fait, qu'il renfermait une
erreur fondamentale, celle de sa progression qui arrive
promptement à dépasser 50 pour 100 du revenu des propriétaires, d'où il résulterait qu'à partir de ce point, les
revenus, au lieu de rester quelque peu ascendants, comme
ils le seraient encore jusque-là, descendraient progressi-

vement jusqu'au point où il ne resterait rien aux propriétaires.

Ainsi, par l'application du tarif dont nous venons de parler, il serait prélevé moitié sur un revenu de 4,200 fr. soit 2,100 fr., et, à partir de ce point, la progession ascendante du tarif produisant une réduction correspondante dans le revenu, il ne resterait absolument rien à celui qui jusque-là était possesseur d'un revenu de 9,200 fr.

Nul ne pourrait donc avoir plus de 2,100 fr. de revenu foncier.

Nous voulons penser que cet inique et absurde résultat était inaperçu par les auteurs de la proposition, et que leur intention toute philanthropique était seulement de soulager la classe des petits propriétaires au moyen d'un prélèvement plus fort sur la classe des plus riches.

Nous ne rappelons ici cette grave erreur, déjà signalée dans l'origine, que pour arriver à formuler cette conséquence, que, du moins, pour y échapper, il faudrait que le maximum de l'impôt, *y compris les centimes additionnels,* ne dépassât pas 50 pour 100 de revenu. Or, les centimes additionnels, qui seront progressifs eux-mêmes, sont effectivement en moyenne de soixante-dix-sept, ainsi que cela résulte du budget de 1848, et peuvent, selon les lois, s'élever jusqu'à quatre-vingt-quinze. Dans les calculs qui vont suivre, nous compterons sur la moyenne de soixante-dix-sept. Il va sans dire que nous ne parlons pas des 45 centimes extraordinaires qui viennent d'être mis sur les impôts directs de 1848, et qui portent non-seulement sur le principal de ces impôts, mais même sur leurs 77 centimes additionnels.

Dans un autre projet de tarif progressif proposé par M. Decourdemanche en 1831, la progression s'arrêtait à

25 pour 100, ce qui, avec les centimes additionnels, répondait à peu près aux 50 pour 100 dont nous venons de parler. Du moins échappait-on par ce moyen au désordre que nous venons de signaler; mais ce projet présentait bien d'autres inconvénients combattus victorieusement dans l'ouvrage de M. de Corcelle.

§ III.

Aucun tarif progressif, quelque limité qu'il soit, n'éviterait une autre absurdité, une autre injustice. En effet, chaque fois qu'on passerait d'une catégorie d'imposés à une catégorie supérieure, le revenu d'un certain nombre des premiers imposés de cette nouvelle catégorie serait réduit au-dessous du revenu d'un certain nombre des derniers imposés de la catégorie inférieure.

Exemple, par l'application du premier tarif dont nous avons parlé.

Le propriétaire d'un revenu de 299 fr. aurait à payer 10 pour 100, soit 29 fr. 90 c., et, avec 77 c. additionnels, 52 fr. 92 c. Il lui resterait donc 248 fr. 08 c. Et le propriétaire d'un revenu de 300 fr. aurait à payer 11 pour 100, soit 33 fr., et, avec 77 c. additionnels, 58 fr. 41 c. Il ne lui resterait donc plus que 241 fr. 59 c. Ainsi le propriétaire d'un revenu de 300 fr. avant l'impôt, se trouverait, après l'impôt, avoir 4 fr. 49 c. de moins que celui qui, avant l'impôt, n'avait que 299 fr. de revenu, parce que, pour 1 fr. de revenu de plus, il aurait eu à payer 4 fr. 49 c. de plus.

Le tarif proposé par M. Decourdemanche n'échappe pas à ce désordre.

En effet, selon ce projet, le propriétaire d'un revenu de 4,999 fr. aurait à payer 8 1/2 pour 100, soit, avec 77 c. additionnels, 752 fr. 10 c. Il lui resterait donc 4,246 fr. 90 c., tandis que le propriétaire d'un revenu de 5,000 fr. aurait à payer 9 pour 100, soit, avec 77 c. additionnels, 796 fr. 50 c., ce qui ne lui laisserait plus que 4,203 fr. 50 c., c'est-à-dire que celui des deux imposés qui, avant l'impôt, avait 1 fr. de revenu de plus que l'autre, aurait 43 fr. 40 c. de moins après l'impôt.

Évidemment, un tel résultat sera toujours plus ou moins l'effet inévitable d'un impôt progressif. C'est du moins un motif d'une grande modération dans sa progression.

On a bien pu récemment opérer une réduction progressive sur les traitements des fonctionnaires publics sans rencontrer cette sorte d'inconvénients ; mais cela tient à ce que les différences des traitements procèdent par sommes rondes et assez distancées, tandis que les revenus fonciers procèdent par petites sommes fort rapprochées entre elles.

§ IV.

J.-B. Say nie que l'impôt progressif doive nécessairement produire le morcellement des terres. « *Si la pro-* « *gression est modérée,* dit-il, *si elle n'offre qu'un léger* « *motif pour morceler les héritages,* d'autres motifs plus « puissants tendront à conserver grandes les entreprises « agricoles, et même à concentrer les propriétés. »

Il est certain que ces deux intérêts, celui du morcellement et celui de la concentration, seront mis en balance par les propriétaires, qui s'arrêteront au parti qui les préservera d'une plus forte perte. Tout dépendra, en définitive, du taux et de la limite du tarif progressif qui sera adopté, s'il doit l'être. Mais, dans tous les cas, et quelque précaution qu'on prenne, l'impôt progressif sera toujours un obstacle à la concentration des terres et un motif puissant à leur morcellement, si surtout l'impôt, avec ses centimes additionnels, dépassait 50 pour cent du revenu, car, comme nous l'avons déjà fait remarquer, tout propriétaire de plus de 2,100 fr. de revenu foncier aurait un grand intérêt à se défaire, à tout prix, même gratuitement, de ce qui dépasserait ces 2,100 fr. plutôt qu'à le conserver, puisque ce serait pour lui une cause de ruine.

En attendant qu'il soit proposé un nouveau tarif, il est utile, pour bien faire ressortir la nécessité de sa grande modération et d'une limite fort restreinte, de faire connaître les résultats auxquels on arriverait par la mise en œuvre du premier tarif sur lequel nous avons opéré jusqu'ici.

Mais, auparavant, qu'on nous permette une petite digression.

Dans le rapport présenté le 8 mai dernier à l'Assemblée nationale, le ministre des finances s'exprimait en ces termes sur la convenance d'adopter le principe de l'impôt progressif :

« De tous les impôts, le plus juste, le plus efficace, celui que je m'attacherai de toutes les forces d'une conviction invétérée à faire prévaloir devant vous, c'est l'impôt progressif sur le revenu. »

Le ministre ne s'explique pas davantage sur ce point, si important cependant ; il n'y donne aucun développement. Plus bas, il ajoute les mots suivants, destinés à justifier l'impôt extraordinaire des 45 centimes :

« .....En réalité, les propriétaires de terres ne paient point d'impôts. Le premier qui fut imposé paya l'impôt.

« Après lui, personne. Que font en effet les acquéreurs

« successifs ? En achetant ils savent qu'ils acquièrent une
« propriété grevée d'un usufruit en faveur de l'État. Dès
« lors ils tiennent compte des charges que supporte la
« propriété qu'ils achètent, et ils déduisent du prix d'ac-
« quisition une somme correspondante à l'étendue de ces
« charges ; d'où il suit, comme je l'ai dit tout-à-l'heure,
« qu'en réalité le premier propriétaire a eu à souffrir de l'é-
« tablissement de l'impôt, mais que lui seul en a souffert. »

Tout cela est vrai, tous les économistes l'ont reconnu
et proclamé ; tout cela, disons-nous, est vrai quant aux
propriétaires actuels et récents ; mais il n'en faudrait pas
forcer les conséquences ; car, comme les terres changent
de mains tous les vingt-cinq ou trente ans, tout cela se
retrouvera vrai vingt-cinq ou trente ans après l'augmentation qu'on se propose de faire, soit proportionnellement,
soit progressivement, parce que les propriétaires d'alors
ne le seront devenus qu'en échappant à l'impôt par une
réduction proportionnelle dans le prix de leur acquisition.
C'est ainsi que de vingt-cinq ans en vingt-cinq ans tout
législateur financier retrouverait toujours les choses dans
cette même position ; de sorte qu'il pourrait toujours au
même titre et par les mêmes motifs agir de la même ma-
nière jusqu'au point où il ne resterait plus rien aux propriétaires apparents. L'État pourrait ainsi se trouver propriétaire de tout le revenu de la terre. Nous nous abste-
nons de toute réflexion à cet égard, d'autant plus volon-
tiers que le ministre, il faut être juste, paraît ne pas vou-
loir arriver aux étranges conséquences que nous signa-
lons, puisqu'il dit aussi : « Il est donc naturel et juste
« que *dans les temps de crise* les Gouvernements deman-
« dent des sacrifices à la propriété foncière. Cela est de
« toute justice, et c'est même un axiome dans l'univers

« entier *qu'il faut ménager la propriété territoriale dans*
« *les temps réguliers,* afin de la retrouver intacte et dans
« toute la plénitude de sa vigueur, *lorsqu'apparaissent*
« *les jours difficiles de la nécessité des grands sacrifices.* •

Dans l'intention du ministre, la surcharge ne serait
donc que temporaire. Soit. Mais si cette surcharge se pro-
longeait pendant quelques années, le ministre d'alors
pourrait dire : « Les propriétaires nouveaux depuis la
« surcharge ne l'ont pas plus payée que leurs devanciers
« n'avaient payé l'impôt antérieur; pourquoi leur en fe-
« rais-je la remise? Ce serait un don gratuit. Je main-
« tiens la surcharge quant à ces terres. » — Alors deux
catégories de terres! — En tout cas, tant que durera cette
surcharge, les transactions seront arrêtées, ou du moins
fort ralenties, les détenteurs actuels des terres ne voulant
pas réaliser leurs pertes en vendant ces terres dans des cir-
constances aussi funestes.

Ces quelques mots dits en passant sur un sujet qui n'est
pas entièrement étranger à celui qui nous occupe, puisqu'il ne se rapporte pas seulement aux 45 centimes imposés récemment, mais qu'il a pour but évident l'intention de justifier le maintien et peut-être même l'augmentation de cette surcharge, en même temps, et c'est là le
plus fâcheux et ce qui nous préoccupe le plus en ce moment, en même temps, disons-nous, que la répartition
de l'impôt ainsi sur-élevé se ferait par voie progressive, nous reprenons notre étude afin de reconnaître si
le morcellement des terres ne sera pas l'effet plus ou
moins nécessaire, plus ou moins rapide de l'impôt progressif, selon que cet impôt sera plus ou moins onéreux.

Le résultat immédiat de tout accroissement d'impôt sur
la terre est évidemment d'en réduire la valeur vénale, par

le motif même que le ministre a exposé si clairement, que les acquéreurs nouveaux, voulant toujours avoir le même intérêt de leurs capitaux, défalqueront l'impôt, quel qu'il soit, du revenu de la terre pour n'acheter que son produit net. Ce sera donc les détenteurs actuels des terres qui supporteront seuls l'augmentation nouvelle de l'impôt, en quoi leur position sera infiniment plus onéreuse que ne l'a été celle de leurs devanciers successifs, non-seulement parce que ceux-ci n'auront supporté que successivement les augmentations graduelles et presque insensibles de l'impôt, mais encore et surtout parce que cet impôt, tout-à-coup augmenté dans une proportion effrayante, va être réparti selon un tarif progressif.

Laissant de côté ce qui a rapport à l'augmentation temporaire ou non de l'impôt, examinons quels seront les effets de sa répartition progressive au point de vue du morcellement des terres.

Nous agissons toujours dans la supposition de l'application du premier tarif progressif, dont nous avons déjà parlé plusieurs fois, en répétant que les résultats auxquels nous arriverons devront subir des modifications correspondantes à celles que le tarif définitif apporterait au tarif sur lequel nous opérons.

Soit, une terre produisant net de tous frais de culture une somme de 3,500 fr., l'impôt actuel, y compris les centimes additionnels, en prélève à peu près le septième, soit 500 fr. Il reste net au propriétaire 3,000 fr. La valeur vénale de cette terre, calculée à 3 pour 100, sera de 100,000 fr. Mais intervient l'impôt progressif qui, au lieu de la taxer à 500 fr., centimes additionnels compris, prélèvera 43 pour 100 de 3,500 fr. pour le principal de l'impôt seulement, ce sera 1,505 fr., à quoi il faudra ajouter

77 centimes additionnels, soit 1,158 fr. 85 c.; total du prélèvement, 2,663 fr. 85 c. Le revenu du propriétaire sera réduit à 836 fr. 15 c., et sa terre ne pourra plus se vendre que 27,872 fr. Perte, 72,128 fr.

L'État, à la vérité, recevra 2,663 fr. 85 c. au lieu de 500 fr.; mais conservera-t-il long-temps ce bénéfice? Non. Il l'aura bientôt reperdu, et même les 500 fr. qu'il recevait auparavant. C'est ce que nous allons démontrer.

Ce propriétaire, ainsi violemment attaqué, n'aura qu'un seul moyen d'éviter sa ruine, et ce moyen, on l'aperçoit sur-le-champ, ce sera de morceller sa terre pour la vendre en détail; et s'il l'a coupe en dix-huit portions, dont chacune ne produisant pas 199 francs, sera entièrement exempte d'impôt, il vendra sa terre, non plus à raison de 3,000 fr. de revenu, mais à raison de 3,500 fr, et en retirera 116,666 fr. Par ce moyen, au lieu de subir une perte de 72,128 fr., il fera un bénéfice de 16,666 fr.; différence de la perte au gain, 88,794 fr., et l'État aura perdu son droit antérieur de 500 fr.

Certes, devant un tel résultat, qui n'est ni *modéré*, ni *un léger motif* de morcellement, J.-B. Say reconnaîtrait que jamais l'intérêt que peut présenter l'exploitation des grandes terres et leur concentration ne pourrait approcher de celui que présenterait leur division à l'infini.

Nous savons bien que les choses ne se passeront pas absolument comme nous venons de le dire, et que les chiffres ne seront pas identiquement ceux que nous avons posés, parce que la subite concurrence des terres à vendre en dépréciera la valeur et ne permettra pas d'en réaliser immédiatement le placement; mais il y a de la marge dans les avantages que présentera l'opération; et par la force des choses, il y aura toujours tension permanente et persistante vers le but pour y atteindre tôt ou tard ; et, en attendant, des partages fictifs, des ventes simulées viendront promptement en aide aux propriétaires au détriment de la prospérité générale et des résultats que l'État aura eu en vue.

Or, nous sommes de ceux qui pensent que le morcellement de la terre serait funeste pour la grande culture, et que les intérêts de la petite sont assurés dans une proportion suffisante par nos lois sur le partage égal des successions. Il n'y faut pas ajouter par des moyens violents.

Déjà nous avons fait voir la nécessité de limiter le tarif de l'impôt progressif et la nécessité de la modération de sa progression ; ce qui vient d'être dit ajoute de nouveaux motifs à ces nécessités, et prouve, en outre, qu'il faut renoncer à l'idée philanthropique d'exempter de l'impôt les petites cotes, même de réduire le taux de leur taxation, car cette réduction ne ferait que diminuer, sans les détruire entièrement, l'intérêt et la facilité du morcellement. Ainsi disparaît le motif même sur lequel on fondait l'opération ! Qu'en resterait-il donc que les funestes effets ?

Le projet de M. Decourdemanche, du moins, ne commet pas l'erreur de proposer l'exemption des petites cotes.

§ V.

L'impôt progressif serait un empêchement efficace à l'amélioration des terres. Cela est facile à démontrer.

De même que tout acquéreur de terres y cherche une rente de 3 pour 100, tout propriétaire est en droit d'exiger le même taux d'intérêt du capital qu'il serait dans l'intention d'employer en améliorations sur sa terre. Or, voyons si l'impôt progressif ne lui fera pas renoncer aux opérations de ce genre?

Soit donc une terre d'un produit de 1,400 fr. net des frais de culture. Le tarif progressif sur lequel nous continuons à opérer la taxera en principal à 22 pour 100, soit à 308 fr., plus pour 77 centimes additionnels, 237 fr. 16 c.; total : 545 fr. 16 c. Il restera au propriétaire 854 fr. 84 c. Si, au moyen d'une dépense de 4,000 fr., qui, à 3 pour cent, doit augmenter le revenu de 120 fr., ce propriétaire portait le revenu de sa terre de 1,400 à 1,520 fr., l'impôt progressif, au lieu d'être de 22 pour 100, monterait à 23, et alors la terre aurait à payer en principal 349 fr. 60 c.; plus, pour les 77 centimes additionnels, 269 fr. 19 c.; total : 618 fr. 79 c. Cette terre ne rapporterait donc net d'impôt que 901 fr. 21 c. Avant l'opération, elle rapportait 854 fr. 84 c. Le capital nouveau de 4,000 fr. ne rapporterait donc que 46 fr. 37 c., au lieu de 120 fr. qu'on était en droit d'en attendre ; ce ne serait qu'un peu plus de 1 pour 100 au lieu de 3. Évidemment l'opération ne se fera pas !

Et, si on applique le même calcul à des terres d'un plus grand produit, l'impossibilité des améliorations s'accroîtra progressivement. Soit, par exemple, une terre produisant 3,500 net des frais de culture. Si on y employait 10,000 fr. en améliorations, devant augmenter le revenu de 300 fr., on arriverait à ce résultat que l'impôt progressif, au lieu de laisser jouir de ces 300 fr., ou du moins d'une partie quelconque de cette somme, pour encourager ces sortes d'améliorations, réduirait le revenu primitif des propriétaires de 130 fr. 11 c. Cette douloureuse absurdité serait le résultat inévitable que nous avons déjà signalé de la réduction progressive du revenu jusqu'à zéro par l'application d'un tarif qui, *centimes additionnels compris,* dépasserait *cinquante centièmes* du revenu.

On parle beaucoup et depuis long-temps de secours à donner par le Gouvernement à l'amélioration de l'agriculture en France, mais qu'on nous dise, après ce qui vient d'être prouvé, quel secours le Gouvernement pourrait jamais donner qui balançât même le mal effroyable qu'il ferait en établissant l'impôt progressif, obstacle absolu à l'amélioration des terres? Et cependant cette amélioration, qui mérite tous les encouragements possibles, puisqu'elle est l'origine la plus sûre de la fortune de l'État, est en même temps une nécessité de jour en jour plus pressante et devant laquelle on ne peut reculer, puisqu'elle est notre unique ressource pour assurer la subsistance de la portion nouvelle de la population toujours croissante?

§ VI.

L'impôt progressif appliqué aux maisons serait funeste pour les villes, plus funeste à mesure qu'elles seraient plus importantes; il serait mortel pour Paris.

Les maisons ne sont pas matériellement divisibles comme les propriétés rurales. Il n'y aurait pour leurs propriétaires d'autre moyen d'échapper à la ruine que celui de se réunir pour posséder une maison en commun. Cela existe à Naples. Tel est propriétaire du premier étage, tel autre du second, tel autre encore du troisième. Sous cette forme ou sous toute autre, cette possession en commun est un grand embarras, là même où la chose existe depuis long-temps, où elle est réglée par une législature spéciale. On se soumettrait sans doute, en France, à cette dure nécessité comme à un moyen d'éviter la ruine; mais alors que deviendrait ce qu'on attend de l'impôt progressif, puisque ce serait pour les propriétaires un moyen de s'y soustraire? A quoi servirait de leur avoir créé de sang-froid une charge qui serait sans utilité pour le trésor? Cela, d'ailleurs, ne s'appliquerait qu'*aux grandes maisons actuellement* bâties, et comme moyen temporaire de leur conservation. Cela amènerait tôt ou tard leur destruction. On n'en bâtirait plus de semblables.

Ce serait prononcer la destruction des villes, surtout de Paris où les maisons, d'un prix immense, sont bâties pour plusieurs ménages, et on ne bâtirait plus que des habitations d'une misérable valeur. Ce serait la condamnation de tous les arts de luxe; ce serait la destruction de tous les grands centres de lumières, de sciences, de civilisation.

D'un autre côté, l'extension ou l'augmentation de l'impôt déjà progressif sur les loyers, serait pour les propriétaires une seconde cause de ruine, car ils se trouveraient atteints à la fois par l'impôt progressif sur leurs maisons, et par la réduction du prix des loyers, les locataires refusant inévitablement l'augmentation nouvelle de l'impôt.

Il y aurait donc nécessité d'exempter les maisons de l'impôt progressif.

§ VII.

A mesure qu'on élèvera davantage l'impôt, soit par voie proportionnelle, soit surtout par voie progressive, on altérera plus sensiblement le gage des créances actuellement hypothéquées. En se reportant aux différents exemples que nous avons donnés, on peut reconnaître que par l'application du tarif sur lequel nous avons opéré, la plus grande partie de la garantie actuelle de la créance disparaîtrait, et que, par conséquent, une part énorme de l'impôt retomberait à la charge des créanciers hypothécaires.

Ils n'échapperont à ce péril qu'en ajoutant leur action à celle du propriétaire, pour arriver promptement au morcellement de la propriété; et cette action est toute puissante en France, où le capital hypothéqué est énorme!

Pour l'avenir, les emprunts, malheusement si nécessaires à la propriété, seraient rendus plus difficiles et on ne pourrait plus les faire dans les proportions nécessaires; or, on sait que ce sont les capitaux qui manquent à la terre.

§ VIII.

Nous renonçons à parler ici des difficultés matérielles que présenterait le mécanisme des opérations à faire pour l'assiette, pour la formation des rôles et le recouvrement de l'impôt progressif. Les hommes-pratiques les apercevront au premier coup-d'œil.

§ IX.

Lorsque l'Assemblée constituante a fondé le système financier de la France, elle a adopté pour premier principe de l'impôt foncier qu'il serait de *somme fixe*, déterminée par les besoins de l'État, et non d'un *produit éven-*

tuel et incertain, comme il l'eût été si on eût adopté sim-
plement le prélèvement d'une *certaine quotité* du revenu.
Or, évidemment, au moyen de l'*impôt progressif,* le produit ne pourrait être déterminé à l'avance; et, de plus,
nous avons démontré que ce produit, incertain dans sa
somme la première année, se réduirait sensiblement d'année en année par l'effet de la division de la propriété, et
finirait par se réduire à zéro, après un certain laps de
temps, par l'effet de l'exemption d'impôts des petites
propriétés.

L'Assemblée constituante avait d'ailleurs motivé le rejet
de l'*impôt de quotité* sur ce que « le fisc venant toujours
« revendiquer sa part dans les accroissements de produit,
« le citoyen économe, actif et laborieux se trouverait frustré
« *en partie* du produit de ses travaux, et par ce motif se
« trouverait d'autant moins excité à continuer d'accroître
« la richesse nationale en augmentant sa richesse parti-
« culière. » Or, nous avons démontré ci-dessus que
l'*impôt progressif* aurait un effet bien plus actif, bien plus
efficace encore que l'*impôt de quotité* contre les améliorations de la terre.

Tout cela est grave, bien grave! Qu'on y réfléchisse
bien avant de se prononcer!

Juin 1848.

Imprimerie de A. Guyot et Scribe,
rue Neuve-des-Mathurins, 18.